LIVRET DE DOMESTIQUE

ORDONNANCE DE POLICE

concernant les Livrets de Domest.

Paris, le 1er Août 1853.

NOUS, Préfet de Police,

Vu l'arrêté des consuls du 12 messidor an VIII ;

Vu le décret impérial du 3 octobre 1810 qui réglemente la profession de domestique dans la ville de Paris ;

Considérant que depuis longtemps ce décret ne reçoit plus qu'une exécution insuffisante, et qu'il résulte de l'inobservation des sages mesures qu'il avait prescrites, des abus qui compromettent à la fois l'ordre public, la sécurité des familles et l'intérêt des domestiques,

ORDONNONS ce qui suit :

ARTICLE PREMIER.

Tous les individus de l'un ou de l'autre sexe qui

sont actuellement ou qui voudront se mettre en service dans la ville de Paris seront tenus, dans un délai de trois mois, de se munir d'un bulletin d'inscription ou livret, à peine d'une détention qui ne pourra excéder trois mois ni être moindre de huit jours.

Ce livret comprendra les nom, prénoms, âge, lieu de naissance de l'impétrant, ainsi que son signalement et son état civil (*Art. Ier du décret de 1810*).

II.

Le livret sera délivré à la Préfecture de Police, sur la production de documents propres à établir l'identité de l'impétrant, et sur le vu d'un certificat délivré par le commissaire de police de sa section.

III.

Il n'est permis de recevoir et prendre à son service aucun domestique non pourvu d'un livret régulier. Cé livret restera entre les mains du maître.

IV.

Le maître, de chez lequel sortira un domestique, ne pourra, sous aucun prétexte, retenir le livret.

Il sera tenu de le porter ou de le faire remettre revêtu de son visa, le jour même de la sortie, au commissaire de police de sa section. Il y inscrira simplement le jour de l'entrée et le jour de la sortie, sans pouvoir y exprimer aucune mention de blâme ou de satisfaction. Dans le cas où il aurait à formuler des plaintes ou des observations sur la conduite du domestique sortant, il les adressera séparément au commissaire de police à qui sera transmis le livret. En cas de difficulté sur la remise ou le visa du livret, le commissaire de police prêtera son concours, s'il en est requis, et statuera provisoirement.

V.

Le domestique sortant sera tenu de se présenter dans les quarante-huit heures au bureau de police où aura été adressé le livret, et d'y faire connaître s'il veut continuer à servir, à peine d'un emprisonnement qui ne pourra excéder quatre jours, ni être moindre de vingt-quatre heures.

Le livret lui sera rendu visé par le commissaire de police (*Art. IV du décret de 1810*).

VI.

Les obligations imposées aux maîtres pourront être remplies par les intendants des maisons où il y en a d'établis.

VII.

Outre les pénalités ci-dessus rappelées, les domestiques qui ne se conformeront pas aux dispositions de la présente ordonnance pourront, suivant les circonstances, être expulsés du département de la Seine, conformément à la loi du 9 juillet 1852.

VIII.

Les commissaires de police, le chef de la police municipale et tous les agents de la Préfecture sont chargés, chacun en ce qui le concerne, de l'exécution de la présente ordonnance.

Le Préfet de Police,

PIETRI.

Par le Préfet :

Le Secrétaire - général,

A. DE SAULXURE.

BOUCQUIN, Imprimeur, rue de la Sainte-Chapelle, 5. — Paris, 1853

PRÉFECTURE DE POLICE.

1re DIVISION. — 4e BUREAU. — 2e SECTION.

N° *54 287.*

Paris, le *31 Xbre* 185*3*.

Le Sr *Sallier,*
Joseph, Antoine,

SIGNALEMENT.

Age : *24*
Taille : 1 mèt. *71* cent.
Cheveux *chm.*
Front *rond*
Sourcils *chat.*
Yeux *gris*
Nez *moyen*
Bouche *moyenne*
Barbe *chat.*
Menton *rond*
Visage *ovale*
Teint *coloré*

Signes particuliers :

né à *Sergé,*
départt d *[illegible]*
demeurant à *Paris*
rue *Chaussée d'Antin*
n° *70,*

a obtenu le présent Livret, con-
tenant seize feuillets, cotés et

paraphés, sur l

Vert St Georges

à la charge de se conformer aux Lois et Réglements
concernant les Domestiques.

Signature d   Domestique.   LE PRÉFET DE POLICE,
*
                                          Pour le Préfet,
                                    et par autorisation:
                              LE SECRÉTAIRE-GÉNÉRAL,

LE CHEF DE BUREAU.

Je, soussigné, certifie que l. N° *Sallier* est

entré chez moi le 2 *janvier* 1855
~~en est sorti~~ le *et qu'il est toujours à mon service. Il va seulement dans l. pays de Savoie.* Paris, le 29 *août* 1860

Vu le 30 *août* 1860

Le Commissaire de Police de la
Section *St Georges*

Signature et demeure.

*J. de Sancy à Sou...
... de S. M. l'Impératrice

6 Rue de Larochefoucault*

Je, soussigné, certifie que l N° *Sallier*

entré chez moi le 2 *janvier* 1855
~~en est sorti le~~ *et qu'il est toujours à mon service. Il retourne dans son pays.* Paris, le 18

Vu : le 18

Le Commissaire de Police de la
Section

*pour quinze jours, à la
suite de la mort de son
père, et reviendra chez
moi en suite.

J. de Sancy de Larabre
... de S. M. l'Impératrice.*

Je, soussigné, certifie que l   N^é

entré   chez moi le   18

en est sorti   le   18

    Paris, le   18

Vu : le   18   Signature et demeure,
Le Commissaire de Police de la Section

Je, soussigné, certifie que l   N^é

entré   chez moi le   18

en est sorti   le   18

    Paris, le   18

Vu : le   18   Signature et demeure,
Le Commissaire de Police de la Section

Je, soussigné, certifie que l   N^e

entré   chez moi le   18

en est sorti   le   18

Paris, le   18

Vu : le   18   Signature et demeure,

Le Commissaire de Police de la Section

Je, soussigné, certifie que l   N^e

entré   chez moi le   18

en est sorti   le   18

Paris, le   18

Vu : le   18   Signature et demeure,

Le Commissaire de Police de la Section

1*

Je, soussigné, certifie que l   N^é

entré   chez moi le   18

en est sorti   le   18

Paris, le   18

Vu : le   18

Le Commissaire de Police de la Section

Signature et demeure,

Je, soussigné, certifie que l   N^é

entré   chez moi le   18

en est sorti   le   18

Paris, le   18

Vu : le   18

Le Commissaire de Police de la Section

Signature et demeure,

Je, soussigné, certifie que l   Né

entré   chez moi le   18
en est sorti   le   18

Paris, le   18

Vu : le   18   Signature et demeure.
Le Commissaire de Police de la Section

Je, soussigné, certifie que l   Né

entré   chez moi le   18
en est sorti   le   18

Paris, le   18

Vu : le   18   Signature et demeure
Le Commissaire de Police de l Section

Je, soussigné, certifie que l   N^é

entré   chez moi le   18
en est sorti   le   18

Paris, le   18

Vu : le   . 18   Signature et demeure,
Le Commissaire de Police de la Section

Je, soussigné, certifie que l   N^é

entré   chez moi le   18
en est sorti   le   18

Paris, le   18

Vu : le   18   Signature et demeure,
Le Commissaire de Police de la Section

Je, soussigné, certifie que l   N^é

entré   chez moi le   18

en est sorti   le   18

Paris, le   18

Vu : le   18   Signature et demeure,

Le Commissaire de Police de la Section

Je, soussigné, certifie que l   N^é

entré   chez moi le   18

en est sorti   le   18

Paris, le   18.

Vu : le   18   Signature et demeure,

Le Commissaire de Police de la Section

Je, soussigné, certifie que l   N^é

entré   chez moi le   18
en est sorti   le   18

Paris, le   18

Vu : le   18   Signature et demeure,
*Le Commissaire de Police de la
Section*

Je, soussigné, certifie que l   N^é

entré   chez moi le   18
en est sorti   le   18

Paris, le   18

Vu : le   18   Signature et demeure,
*Le Commissaire de Police de la
Section*

Je, soussigné, certifie que l   N$_é$

entré   chez moi le   18

en est sorti   le   18

Paris, le   18

Vu : le   18   Signature et demeure,

Le Commissaire de Police de la Section

Je, soussigné, certifie que l   N^é

entré   chez moi le   18

en est sorti   le   18

Paris, le   18

Vu : le   18   Signature et demeure,

Le Commissaire de Police de la Section

Je, soussigné, certifie que l   N^é

entré   chez moi le   18

en est sorti   le   18

Paris, le   18

Vu : le   18

Le Commissaire de Police de la Section

Signature et demeure,

Je, soussigné, certifie que l   N^é

entré   chez moi le   18

en est sorti   le   18

Paris, le   18

Vu : le   18

Le Commissaire de Police de la Section

Signature et demeure,

Je, soussigné, certifie que l   N^e

entré   chez moi le   18
en est sorti   le   18

     Paris, le   18

Vu : le   18 | Signature et demeure,
*Le Commissaire de Police de la
Section*

Je, soussigné, certifie que l   N^e

entré   chez moi le   18
en est sorti   le   18

     Paris, le   18

Vu : le   18 | Signature et demeure
*Le Commissaire de Police de la
Section*

Je, soussigné, certifie que l   N^e

entré   chez moi le   18
en est sorti   le   18

Paris, le   18

Vu : le   18

Signature et demeure,

Le Commissaire de Police de la
ection

Je, soussigné, certifie que l   N^e

entré   chez moi le   18
en est sorti   le   18

Paris, le   18

Vu : le   18

Signature et demeure,

Le Commissaire de Police de la
Section

Je, soussigné, certifie que l   N^é

entré   chez moi le   18

en est sorti   le   18

Paris, le   18

Vu : le   18

Signature et demeure,

Le Commissaire de Police de la Section

Je, soussigné, certifie que l   N^é

entré   chez moi le   18

en est sorti   le   18

Paris, le   18

Vu : le   18

Signature et demeure,

Le Commissaire de Police de la Section

Je, soussigné, certifie que l   N^é

entré   chez moi le   18

en est sorti   le   18

Paris, le   18

Vu : le   18

Le Commissaire de Police de la
Section

Signature et demeure,

Je, soussigné, certifie que l   N^é

entré   chez moi le   18

en est sorti   le   18

Paris, le   18

Vu : le   18

Le Commissaire de Police de la
Section

Signature et demeure,

Je, soussigné, certifie que l   N^é

entré   chez moi le   18

en est sorti   le   18

  Paris, le   18

Vu : le   18 Signature et demeure,

Le Commissaire de Police de la Section

Je, soussigné, certifie que l   N^é

entré   chez moi le   18

en est sorti   le   18

  Paris, le   18

Vu : le   18 Signature et demeure,

Le Commissaire de Police de la Section

Je, soussigné, certifie que l   N

entré   chez moi le   18
en est sorti   le   18

Paris, le   18

Vu : le   18   Signature et demeure,
Le Commissaire de Police de la
Section

Je, soussigné, certifie que l   Né

entré   chez moi le   18
en est sorti   le   18

Paris, le   18

Vu : le   18   Signature et demeure,
Le Commissaire de Police de la
Section

Je, soussigné, certifie que l   N

entré   chez moi le   18

en est sorti   le   18

Paris, le   18

Vu : le   18   Signature et demeure,

Le Commissaire de Police de la Section

Je, soussigné, certifie que l   N^é

entré   chez moi le   18

en est sorti   le   18

Paris, le   18

Vu : le   18   Signature et demeure,

Le Commissaire de Police de la Section

Je, soussigné, certifie que l   N^é

entré   chez moi le   18

en est sorti   le   18

Paris, le   18

Vu : le   18   Signature et demeure,
Le Commissaire de Police de la
Section

Je, soussigné, certifie que l   N^é

entré   chez moi le   18

en est sorti   le   18

Paris, le   18

Vu : le   18   Signature et demeure,
Le Commissaire de Police de la
Section

Je, soussigné, certifie que l   N é

entré   chez moi le   18

en est sorti   le   18

Paris, le   18

Vu : le   18   Signature et demeure,

Le Commissaire de Police de la Section

Je, soussigné, certifie que l   N é

entré   chez moi le   18

en est sorti   le   18

Paris, le   18

Vu : le   18   Signature et demeure,

Le Commissaire de Police de la Section

Je, soussigné, certifie que l   N^é

entré   chez moi le   18
en est sorti   le   18

    Paris, le   18

Vu : le   18
Le Commissaire de Police de la Section

Signature et demeure,

Je, soussigné, certifie que l   N^é

entré   chez moi le   18
en est sorti   le   18

    Paris, le   18

Vu : le   18
Le Commissaire de Police de la Section

Signature et demeure,

Je, soussigné, certifie que l   N°

entré   chez moi le   18
en est sorti   le   18

    Paris, le   18

Vu: le   18   Signature et demeure,
Le Commissaire de Police de la
Section

Je, soussigné, certifie que l   N°

entré   chez moi le   18
en est sorti   le   18

    Paris, le   18

Vu: le   18   Signature et demeure,
Le Commissaire de Police de la
Section

Je, soussigné, certifie que l   N^é

entré   chez moi le   18
en est sorti   le   18

Paris, le   18

Vu : le   18   Signature et demeure,
Le Commissaire de l'olice de la
Section

Je, soussigné, certifie que l   N^é

entré   chez moi le   18
en est sorti   le   18

Paris, le   18

Vu : le   18   Signature et demeure,
Le Commissatre de Police de la
Section

Je, soussigné, certifie que l   N^é

entré   chez moi le   18

en est sorti   le   18

Paris, le   18

Vu : le   18   Signature et demeure,

Le Commissaire de Police de la Section

Je, soussigné, certifie que l   N^é

entré   chez moi le   18

en est sorti   le   18

Paris, le   18

Vu : le   ·8   Signature et demeure,

Le Commissaire de Police de la Section

Je, soussigné, certifie que   N^é

entré   chez moi le   18

en est sorti   le   18

Paris, le   18

Vu : le   18   Signature et demeure,

Le Commissaire de Police de la Section

Je, soussigné, certifie que l   N^é

entré   chez moi le   18

en est sorti   le   18

Paris, le   18

Vu : le   18   Signature et demeure,

Le Commissaire de Police de la Section

Je, soussigné, certifie que l   N^e

entré   chez moi le   18

en est sorti   le   18

Paris, le   18

Vu : le   18

Le Commissaire de Police de la Section

Signature et demeure,

Je, soussigné, certifie que l   N^é

entré   chez moi le   18

en est sorti   le   18

Paris, le   18

Vu : le   18

Le Commissaire de Police de la Section

Signature et demeure,

Je, soussigné, certifie que l   N^é

entré   chez moi le   18

en est sorti   le   18

Paris, le   18

Vu : le   18   Signature et demeure,

Le Commissaire de Police de la Section

Je, soussigné, certifie que l   N^é

entré   chez moi le   18

en est sorti   le   18

Paris, le   18

Vu : le   18   Signature et demeure,

Le Commissaire de Police de la Section

Je, soussigné, certifie que l   N^é

entré   chez moi le   18
en est sorti   le   18

Paris, le   18

Vu : le   18   Signature et demeure,
*Le Commissaire de Police de la
Section*

Je, soussigné, certifie que l   N^é

entré   chez moi le   18
en est sorti   le   18

Paris, le   18

Vu : le   18   Signature et demeure,
*Le Commissaire de Police de la
Section*

Je, soussigné, certifie que l   N^é

entré   chez moi le   18

en est sorti   le   18

Paris, le   18

Vu l e   18   Signature et demeure,

Le Commissaire de Police de la Section

Je, soussigné, certifie que l   N^é

entré   chez moi le   18

en est sorti   le   18

Paris, le   18

Vu : le   18   Signature et demeure,

Le Commissaire de Police de la Section

Je, soussigné, certifie que l   Né

entré   chez moi le   18
en est sorti   le   18

Paris, le   18

Vu : le   18
Le Commissaire de Police de la
Section

Signature et demeure,

Je, soussigné, certifie que l   Né

entré   chez moi le   18
en est sorti   le   18

Paris, le   18

Vu : le   18
Le Commissaire de Police de la
Section

Signature et demeure,

Je, soussigné, certifie que l   N°

entré   chez moi le   18

en est sorti   le   18

Paris, le   18

Vu : le   18   Signature et demeure,

Le Commissaire de Police de la Section

Je, soussigné, certifie que l   N°

entré   chez moi le   18

en est sorti   le   18

Paris, le   18

Vu : le   18   Signature et demeure,

Le Commissaire de Police de la Section